قُليل لما بشتاقلي

طارق التريري

طارق التريري, 2022 Published by.

While every precaution has been taken in the preparation of this book, the publisher assumes no responsibility for errors or omissions, or for damages resulting from the use of the information contained herein.

قُليل لما بشتاقلي

First edition. June 10, 2022.

Copyright © 2022 طارق التريري.

ISBN: 979-8223356271

Written by طارق التريري.

لكُل مُحبي الشعر أتمنى أن ينال العمل رضاكُم

طارق التريري

شرف العسكر ع الجبهه

شرف العسكر ع الجبهه
مُش فى بقاله وتموين
ينتج مدفع، دبابه
مُش يُنفخ فى البلالين
ولا دار للرقص الشرقي
ولا مين اتجوز مين؟
ولا كعك وقلة قيمه
ولا فى محطة بنزين
ولا مُتعه ان انتا تسمسر
من دم لناس طافحين
دايرين الدُنيا يلفوا
ويادوب بيسدوا ف دين
كان سببو كتير كده زيك
فى الأخر شلنا الطين
فى بلاد مفاتيحها معاكُم
واكلين نايمين وارثين
واول مانحاول نحلم
نلقاكُم فى الميادين
راكبين دبابه ب تُقرم
وتبَور فى البساتين
الطارحه بكُل براءه
بغرام وبشوق وأنين
من دم الناس الحالمه
ببلاد من غير مجانين
بعساكر حارسه الجبهه
مُش بياعة تموين
مسروق من دم غلابه
طلعت روحهُم م الدَين
وان واحد حب يفضفض
بيُرد كتير فاسدين

من عُبادهُم للعسكر
وطوفان م المُنتفعين
تضطر وتكظم غيظك
ونقول فرجك يامُعين

من عُبادهُم للعسكر
وطوفان م المُنتفعين
تضطر وتكظم غيظك
ونقول فرجك يامُعين

حتى ماتش الكوره باعو

مُعطيات تديك نتايج
مُش كلام ولا صوت بتاع
هوا وصحابوا وعشيرتو
من زمان خربوا البتاع
بياعين وهم لغلابه
متساقين ورا كام بتاع
بزنسوها لأي حاجه
حتى لو ماتش ف بتاع
وانتصار فى الوهم حتى
شئ ينسينا البتاع
واللي ضارب جوا روحنا
يوم ما شرفنا البتاع
وابتدينا سواد وأزلي
وابتدت سِحنة بتاع
تتغرس جوانا تطرح
مسخره وكتير بتاع
حتى ماتش الكوره بعتو
ومُش غريبه على اللي باع
دينو عرضو وكم جزيره
اه ياتربيه ضباع
ياخراب وف كُل حاجه
والوطن ب الكُل ضاع
واللي باقي معرصينو
(يافطه مكتوبه ب (مُباع
حتى لو كان ماتش كوره
أي شئ مُمكن يُباع
ما احنا فى عصر انهيارك
مصر يا أم البتاع

ارحل نفسي اموت مدني

ارحل بقى نفسي اشوفها

قبل ما اموت فيها شئ

نفسي يغسلني مدني

ومايكفَنيش فريق

وما يدفنِيش عساكر

بعد ماسدوا الطريق

يا ادفع يا الجُثه تولع

يدفُم بالحريق

خمسين سنه فيها ب اشحت

من بُكرا يبل ريق

وانحت والكُل ينحت

ولابان فيها الطريق

كان لابس كاكي زيك

كُل اللي سقانا ضيق

ومافيش ولا حد منهُم

خرجنا من المضيق

ولا وصلنا لفناره

ولا حس بأي شئ

غير بس ب إنو حاكم

واحنا الطيب برئ

ننزل نهتفلو كمل

ومعاك ل اخر الطريق

كالعاده يروح مكمل

ونعِد ف كام غريق

ندفن ونمنى روحنا

بُكرا يلاقى الطريق

ينسى ولو يوم سألنا

يشغلنا بكام حريق

ويرُص كتير عساكر

فجأه يسدوا الطريق

يا الدفع يا إما تولع

قُليل لما بشتاقلي

يدفُم بالحريق

اطفح

فى بلاد تحزق وتحزق
ثُم تقولك مافيش
وبتغرف للغوازي
وتأكلهُم ياميش
ينهبها الكُل وانتا
حارسك مليون شاويش
لو مره فتحت بوقك
أو قُلت انا عايز اعيش
مسموح تركع تطبل
تطبيل مابينتهيش
حتى ان خربت تطبل
تهتفلو يعيش يعيش
لبلاد تحزق وتحزق
ثُم تقول لك مافيش
تُرقُص ل اللي اغتصبها
تُغنوجلو يعيش يعيش
وبتردح ل اللي جايع
بح وخِلصت مافيش
حاول تُعذُر ياجاحد
مُش لازم يعنى عيش
مُش باقى من العساكر
ولافاضل م الشاويش
غير بس يادوب أغاني
ف اطفح وما تفتريش
راح اشبع فيك لأمتى

تعذيب

شعب ف تعذيبو مُتعه
وسعاده لأي حد
من أول شبه دايه
عماله تشدو شد
ينزل كاره البدايه
يلقانا ف حُكم وغد
حاكم فينا بمشيئه
وقانون ممنوع تُرُد
وكلامك كُلو حاضر
بخضوع مليان بوِد
واياك تركب دماغك
أو يوم تتعدا حد
ح تعيش عام الرماده
وكمان ح يقيموا حد
وأديك عمال بتكبر
حلمان طبعاً بورد
ووعود تدبل وتدبل
ولا مره تلاقي رد
من غم لغم اكتر
حد اما بتبقى جِد
حقل تجارب مُسالم
عاشق دورك كعبد
وكيوت طيب مهاود
أبداً ما ف يوم تُرُد
ومُتاح ولأي حفله
قالع مستنى جَلد
مع ان الكُل مِلكك
ماانتاش مملوك لحد
نيلك قمحك وأرضك
وحقوقك فيها فرض

مُش منحه ومُش عطيه
وجميل من أي حد

مُش منحه ومُش عطيه
وجميل من أي حد

بريطانيا وثورة يوليو

بريطانيا العُظمى وبجيوشها
وكاسره الألمان؟
على كندا فرنسا وأمريكا
مع روسيا كمان؟
ويهود من كُل المعموره
اسراب جرذان؟
فجأه بيجمعهُم شئ واحد
حق الانسان
وبريطانيا العُظمى بتتنازل
لكن بضمان
مكتوب مع مين اللهُ اعلم
لكن قد كان
فبتتنج فيلم إسمو الثوره
وتساعدو كمان
ولاضربت يومها ولارصاصه
ولاحتى بيان
والاغرب من ده بقى ياسيدي
(كُل (الشُجعان
أغلبهم كان ولا على بالو
غير الغلبان
يوسف صديق اللى اتمرمط
(وفدى (الشُجعان
ف سي انور مثلاً فى السيما
والله يامان
وحكيم وسي ناصر فى الشارع
وكتير هربان
مع ذلك ف الفيلم بيكمل
ويصير كسبان
يسيبوها لكام ظابط فاشل
شُغل موريستان

وشيطانهُم باصص بتأني
وبكُل أمان
يزرعهُم فيها عشان يفضل
دايماً كسبان
وملكها بيرحل ولا كلمه
ولاحتى بيان
ترتيب العالم كان لازم
وبكُل أمان
تكتيك ولايقدر يتكلم
حبكوا الكُهان
كان فاضل مصر وتكميمها
ولا بُد ضمان
سلمها لعسكر يخربها
بوعود وبيان
ولا أضمن ابداً من عسكر
جاهل تلفان
مش شايف ابداً غير نفسو
والباقى دُخان
وبقية القصه اديك عايش
وحاسسها كمان

فى انكساراتي

فى انكساراتي الكتيره
واللي دايمه) باقول لنفسي)
يلا هانت باديه توضح
باقى مُده بسيطه وامشي
بس بارجع تانى احاول
لَم اشلائي وما اكونشي
مُنهزم رغم الحقيقه
والعذاب المالي وشي
ف افضل اخطُب فيا وانصح
وانتظر حيبان ما بانشي
صوتى ضاع فجأه وفارقني
بس برضو مشاوره تمشي
وابتدى الخُطبه لخيالي
وبرضو خايف منى يمشي
اصطبِر حاول تقاوح
لسا بدرك ما اكتملشي
ولسا فيك حبة معانده
لسا حلمك ما اندفنشي
ولسا برضو العيشه ممكن
طول ما لغمك ما انفجرشي
وان جايلك يوم حتفرح
لو رصيدك ما اتمسحشي
أي نعم كُلك هزايم
بس ضهرك ما انكسرشي
فجأه وب يُصرُخ خيالي
اه ياضهري وسيبنى وامشي
ف انكسِر جوايا اكتر
وارتعش وتلومني نفسي
في انكساراتي الكتيره
واللي دايمه) خلاص ماعادشي)

مُمكن احكيها لغيري
حتى ضلي خلاص بيمشي

ومُش فاضل

ومُش فاضل كتير فيا
ولامني ولاعندي
ولا فارق معاي بُكرا
جديد أو عادي ومصدي
بقى كُلو شبه بعضو
مافيش اسود مافيش وردي
سنين بايخه بتتهادى
ماعادش يفيد فى شئ عِندي
ولامخزون كلام بايخ
مقاومه وصبر وتحدي
خلاص جابت اخرها وبان
بقى صفر الرصيد عندي
بقيت زيرو من الأحلام
بقيت لا ب اجيب ولا ب اودي
وب اتعايش فراغ فى فراغ
وكُل مافيا بيصدي
لا مستنى الزهور تطرح
ولا كروان فى يوم يشدي
بقا كُلو شبه بعضو
بخيرو بشرو بيعدي
وح تعدي وتتراخم وتتهادى
نصيبى من نصيب جدي
ما نابو منها غير همو
وريحتو معطره البردي
بحكمو وصبرو ومواعظو
ح اخزنهُم لمن بعدي
اهو اسمى برضو واسيتهُم
مادام مافضلش شئ عندي

حد نازل 30 سونيا

ها نقول اللهُ أكبر
ولا برضو مأنتخين
ع التويتر. فيس وواتس اب
والكلام جعلوص تخين
ان مصر خلاص بتغرق
وانتا قُلت الكلمتين
واللى يعنى عليك عملتو
فى انتظار كده سقفتين
وكم مُتابعه من الحبايب
زغرطى يا امُ الامين
واصبُغى شعرك ياحاجه
كتري كُحل العينين
دا التويتر قام بثوره
والجميع متجهزين
ينزلوا وحنروح لسونيا
مهما كان ويا ها مين
مهما ققفلوا كتير شوارع
مهما يملوا الكون أنين
ايوا هوا ميداننا هوا
وغيرو هوا حيبقى مين
نادى يلا قوام عليهم
خلي فيكي الصوت متين
وافردي ضهرك ياحاجه
وافردي وعلى الإيدين
بالعلم وتشاورى جامد
مهما كان قُدامنا مين
وايه ياحاجه مالو وشك
ليه قلب غم وأنين
سمعينى ياحاجه قولي
قولتي ايه؟ عن مين؟ وفين؟

يعنى ماحدش حينزل؟
بالتويتر مشغولين
ثوره بس على المواقع؟
صمموا ومكملين؟
طب ياحاجه الله يعينك
وارحميني بطلقتين

المقصله

كُلو عارف كُلو فاهم
كُلو صح ماعدا انا
الوحيد اللي ب غباوته
كان رهانو السوسنه
وان بُكرا مجيئو حتمي
وان لسا الازمنه
ناويه طرح وجايبه فرح
وفيه أماني ومُمكنه
وان مهما اللحن عاند
جاى يوم حيكون غُنا
وان يعنى مسيرها تفرج
أو تخف العكننه
وان رغم بوار مشاعري
لسا فاضل سُنبله
جوا جدب الروح حتطرح
بس تصفى الأزمنه
وانتظار الصفو طول
فوق حدودي المُمكنه
وهم طال صدقتو وحدي
وباقى بس المقصله

بلحه وابو لمعه

كان زمان أبو لمعه يُفشُر
نبتسم نضحك شويه
فشرو كان مُمكن يعدي
شئ لزوم الفنطزيه
وانهارده ابو لمعه حاكم
فشرو فرض على الرعيه
واللى يضحك ليلتو سوده
صار قتيل ومالوهش ديه
وكان كمان ابو لمعه عادي
بيدي بيشو الريق شويه
يعنى مُمكن بيشو يقفش
أو يقول معقوله ديا؟
أو كمان مُمكن يزعق
أو يزيد انا مُش هفيه
كان زمان دا ياعم بيشو
قبل تظبيط الوسيه
بالمقاس لابو لمعه صارت
والجميع أصبح هفيه
واللى فاهم بس هوا
وهات يافشر على البريه
فشرو صار قوانين ونشره
ليل نهار الطبلجيه
صدعونا بإنجازاتو
وحولوها لفنطزيه
بس بيشو ماعادش ينطق
واحنا صرنا كمان هفيه
كان زمان ابو لمعه يُفشُر
نبتسم نضحك شويه
صار خلاص الفشر حرفه
للبلح والطبلجيه

الدم

يا دم ف كُل حته
ونحيب مالى البلاد
فى البيت فى الحاره حتى
فى الصحرا وفى الوهاد
والبوم فى الكُل زاعق
أنن حتى الجماد
وسجون فيها الصبايا
مابقاش بس الولاد
والسجن مكان طبيعى
حق لكُل العباد
مُش للجدعان وخُلصِت
لأ برضو كمان سُعاد
وبنات فى العُمر لسا
عرفت معنى الحداد
سكنت زنزانه ضلمه
ينهش فيها الجراد
بدل الشبكه وفرحها
بدأت تحلم وداد
بمُجرد بس تُخرُج
تلمح شكل البلاد
والأبعد وطى راسو
واتحجج بالولاد
وطى وعرص ودلدل
بقى كُل الهم زاد
بيفت ف دم غيرو
فاكر مُش جاى معاد
يصبح كما غيرو بُكرا
يسكُن بطن الجراد
والدم ف كُل حته
ونحيب مالي البلاد

ملاك البُشرى

مُش ح يفرح حد أدي
يوم ما ح يقول لي الملاك
خُلِصت الرحله انتهينا
حان رحيلك ل الهناك
والفرج جالك أخيراً
بشبشت فعلاً معاك
مُش ح تفضل فيها ثانيه
والله واتحقق دُعاك
ح ابتسم على أد ما أقدر
ح ابتسم وانسى الهلاك
واللى عايشو كُل لحظه
وكُل خطوه بكوم شِراك
منصوبالي فى كُل حته
حتى فى الاحلام شِبَاك
ح ابتسملو واقوللو أهلاً
من زمان مستنظراك
كُل نبضه ف قلبى زهقت
م الحياه ومن الهلاك
واللى كُنت انا فاكرو عيشه
والحقيقه إنو الشِراك
منصوبالي ف كُل حته
حتى فى الاحلام شِبَاك
بس فُرجت أيوه فُرجت
ب انتقل وبقيت ه ن ااا ك

تُجار الوَهم

تُجار الوهم دايماً
فى بلادي كسبانين
مُش فارق ايه البضاعه
ان شا الله يبيعوا دين
مادام الدُنيا ماشيه
ومادام فيه مُشترين
طوابير وف كُل حته
للذُل ومُدمنين
عاشقين يتِكسروا دايماً
ويعيشوا مُهمشين
وكلامهُم بس حاضر
مهما يقول اللعين
لابس برنيطه ولا
على كتفو نجمتين
أو دقنو طويله حبه
وزبيبه على الجبين
على كام جورناجي واطى
مع قُرطة رقاصين
على كام ممحون بيُصرُخ
يتسموا مُغنين
مع كم دلدول بيردح
والاسم مُثقفين
دولا اصحاب البلد دي
دولا المتريشين
بالطول بالعرض فيها
عايشين ومبرطعين
تُجار للوهم دايماً
على طول كده كسبانين
وتزيد طوابيرنا اكتر
ويزيدوا المُدمنين

طيب حاضر وتُأمُر

أياً كان اللعين

عضم ودهون

ياللى حالم بالعساكر
يوهبوك عدل وقانون
أو ينُبوك مره منهُم
حتى لو عضم ودهون
الله غالب فيك ياطيب
دول مكن بس لديون
تنشف الخضرا ف إيديهُم
والعمار بيصير سجون
يكرهوا الفاهم وجداً
يشنقوه لو بالظنون
عقلُهُم مقفول عليهُم
والحوار يعنى الطاعون
والثقافه وباء مُدمر
واى شئ مُمكن يهون
إلا عقلك يوم يهفك
تسأل العسكر قانون
يبقى رُحت خلاص وعُمرك
راح خريف جوا السجون
صرت عضم يادوب ب تحلم
إمتى يطلعلك دهون

قُرني والعساكر

كان بودي ياعم قُرني
لو تكمل فلسفه
والتحاليل البديعه
عن وجودنا اللى اختفى
واننا شُركاء معاهُم
فى الوطن مُش الارصفه
وان جرجس زى عادل
زي هاني ومُصطفى
وان طنطا زى شُبرا
زى كفر أبو الوفا
واننا لازم نكمل
فى انتباهبنا وفى الصفا
كان كلام موزون وطارح
كُلو حكمه وفلسفه
نشوتك قبل العساكر
وانتا مالى الكون دفا
بالمُجاهره وبالمظاهره
والجميع مديك صفا
وانتا زاعق مالى حسك
لأ وأمن ع القفا
فجأه بُقّك صار مغاره
والكلام كُلو اختفى
فينو قُرني؟ وفين كفاحو؟
وفين ياعم الفلسفه؟
(ولا كانت بس (مُرسي
وبعدها رجعت لقفا
ياه يا قُرنى واحشنى صوتك
والجعير اللى اختفى

مصر خلاص

مصر حلم خلاص بيخلص
لأ دا خلص
بُص شوفها
بُص جامد
بُص حاول تكتشفها
لو لقيتها ابقى قولي
يمكن اتغابى واشوفها
زى خلق كتير بتكدب
كُلُهم عامل شايفها
كُلُهم مستنى تنهض
تستوي وتديه قُطوفها
والحقيقه خلاص دى نشفت
والكفن أصبح لاففها
واللى فاضل بس ندفن
والجموع رفعت كُفوفها
تقرا فاتحه لمصر ماتت
والحنين والشوق جارفها
لمصر كانت باينه واضحه
والجميع يقدر حاسس شايفها
فى المصانع فى المزارع
شجره طارحه كتيير قُطوفها
(قبل فجأه ما تبقى)كاكى
والجميع مابقاش شايفها

العيد

واهو عيد ب يعود
فى بلاد مابقيتش تحس
ب طعم العيد
من يوم ماملكها
عبيد صهيون
مليانه هوان
وشجون ألوان
والدم صديد
واهو كُل ماترفع
راسها لفوق
وتقيم العود
تسمع فى وعيد
لوحبتِ يوم تفتح شباك
أو رسمت ضل خيال ل نشيد
أو حلمت بس بطلة عيد
واهو عيد ب يعود
ب مرارو وقلة حيلة الناس
تستنى بريد
من بُكرا اهو مُمكن مره يرُد
ويشاء السِيِد
تتحسن يوم احوال الناس
ويحسوا ب عيد
ينزاحوا عبيد صهيون وتغور
أيام مليانه ب بس وعيد
سرقت من قلب الناس العيد

للأسف عربي

لا بالذكاء ولا بالفَراسه
كُل الحكايه انتا ونصيبك
يا تلاقى نفسك فى شبه دوله
يا اما عطف الإله يصيبك
مايشيلش دمك جينات عروبه
ف تروق وتُشكُر وتبوسها إيدك
ف الدم خالي من الخيانه
وم انكسارك لأي سيدك
واهو أى سيِد بس انتا تركع
ولاحتى تجروْ ترفعها إيدك
غير بالموافقه وان انتا عاشق
لمين يذلك يقطع وريدك
واللعنه قدرك من يوم ميلادك
ان انتا عربي ف ارضي بنصيبك
فلا كُتر علمك وأنين ثقافتك
مُمكن فى وطن الخراب يفيدك
القصه كانت من بدري خالص
يوم ما اتولدت بقيود فى إيدك
بدم عربي بإسم عربى
فى خرابه مهما اشتكيت تزيدك
قُطاع طُرقها بيمصوا دمك
دايماً سيوفهُم غارزه ف وريدك
وشيوخها طبعاً بتقولك اصبُر
لحد يمكن يفرجها سيدك
وأديك مكمل اجيال وقبلك
صبرت لحد اما خدها سيدك
عاشت بتركع لأي ظالم
ونداها دايم خُدام عبيدك

زمن البراغيت

كالعاده ف أخر السكه
ومعاك حبة حواديت
والباقى شوية فكه
ويقين ان انتا عبيط
يا اهبل صدقت الدُنيا
وياريت منها استكفيت
وما نابك غير تهزيقك
ومُعايره من الهلافيت
إنك حالم ورومانسى
مُش فاهم فى التظبيط
ولاقادر يعنى تطنش
وتماين للبراغيت
أصحاب الكلمه فى زمنك
وكما مُلاك البيت
يا اهبل ضيعتو لعُمرك
ورا حلم وطول حواديت
ان الأيام ح تصالحك
أو يطرح فيك الغيط
وأديك فى بوار أحلامك
وكأنك يوم ما غزيت
ف الحق بقى عالج نفسك
قبل الأحوال ما تزيط
شوفلك برغوت واركعلو
وكفايه عليك ماعانيت
فى زمان فاكر انو بتاعك
لكن مِلك البراغيت
وكالعاده ف اخر السكه
ما بتنفعش الحودايت
وضرورى تجمد مبلغ
فكه ما تبنيش البيت

فى زمان الفول فيه شهوه

وياحظك لوفيه زيت

لوكان الشعر بينفع

لوكان الشعر ب ينفع
أو حتى ف شئ بيفيد
كُنا زمان اتعشينا
وغسلنا كمان الإيد
كان شئ ف حياتى اتغير
وافتكرتنى المواعيد
لكن ع الفاضى يازمرى
وقلم نازف فى الإيد
خمسين سنه حفظ ياعمى
ماصادفتش شئ بيفيد
غير ضغط بينزل يطلع
ومرار بيسم وريد
ملعون الشعر وحفظو
وكتابتو كمان بالإيد
متسلط يملى حياتك
بشجون وألام بتزيد
وجعك سفرك فى مداين
ودليلك ياااه عربيد
أبداً ماف يوم ب يدلك
ولا بتقابل مواعيد
للفرح وشئ م الراحه
غير دايماً بس يقيد
جواك أشواق لصهيلها
خيلك وغبارها بعيد
اخدت أحلامك ولت
(وسابت لك بس (قريض
لا يشبع ولا بيسمن
ولاعاد فى زمننا يفيد

تُهمه جديده

مابقاش فيه تُهمه جديده خلاص
خلصِت (قواميس) الاتهامات
ف احبس بمزاج مولاك العرص
فى بلاد مافيهاش غير الأموات
والحبس مُتاح ولأيُها حد
بعديها نشوف نص القرارات
وخلاص مابقاش زوار الفجر
غطينا تمام كُل الأوقات
ويا إما السجن يا إما سكوت
(وتسلم نفسك ل (البهوات
عُشاق تُأمُرنا ياسيد الناس
(خُدام بقوا فجأه من (الأغوات
فى بلاد ما بقتش بتطرح ناس
وصروحها خلاص قلبت خرابات
وباقي لها يادوب بس الإعلان
بشجاعه نقول بلد الأموات
فى الوقت الضايع
ب العب فى الوقت الضايع
فى سنين بتصفى خلاص
فى بلاد دايماً موبوءه
فيها أرخص شئ الناس
مُلاكها أراذل ناسها
وسفيهها وصاحب الكاس
والخازن فيها حرامى
شيخ منصر بس الناس
عُشاق لكلامو اللين
والتنهيده ب احساس
أثر ع الكُل سحرهُم
واسترهبهُم وخلاص
مابقاش فيه حد بينطق

إلا ما يِرضِى الحُراس
حتى اللى بيهذي
مكتوب إسمو فى كُراس
مرفوعه لسيدنا الحاكم
مشفوعه بصخب الناس
خلصنا من اللى قارفنا
بيقول أوهام وخلاص
عن ان مسيرها حتفرج
يتوحد كُل الناس
ويطالبوا ف يوم بحقوقهُم
والعدل حيبقى أساس
فى بلاد ماتت من بدري
والسوس فى العضم خلاص
مابقاش غير إن أمن
ويأمن باقى الناس
اننا فى الوقت الضايع
فى سنين بتصفى خلاص

قانون الرموز التاريخيه

يحيا ميكى ويحيا لولو
ويحيا عبد العاطى كُفته
وتحيا ريا ويحيا هتلر
يحيا مين لبسها بفته
بعد ماكانت أميره
فى الحرير والعز يا اسطى
ويحيا من راود بهيه
ع الشرف واهو سابها ثكلى
وتحيا برضو الست جولدا
لما عنكو اديتنا فكره
انكُم حبة لمامه
ونفسنا يوم تبقوا ذكرى
ويحيا نابليون بينسف
والمدافع فيها حاضره
دنس الأزهر بخيلو
بس كانت نيه خضرا
ويحيا عامر لما سابها
بدون مُتابعه وأى خطه
(وانضرب طياراتها)فجأه
وزه راقده جنب بطه
والعواهر فيها صارت
(رمز للتقدير (وحته
اه يابوم فى تاريخنا زور
كان حرير ولبسنا بفته
من معرص ل اللى بعدوا
والجميع فى حقوقنا افتى
لما صرنا خلاص نهيبه
حتى فى التاريخ فيه واسطه؟
قال دا ايه رمز لبلدنا
رمز مين؟ ياجهول بيفطه

الرموز ساكنه المشاعر
ثابته مش محتاجه واسطه
حد عنها ف يوم يدافع
أو يقول أو يبدى لفته
عشقُهُم فى قلوبنا ساكن
مهما يعنى لبسنا بفته
والدفاع لمعرصينكُم
دول وبس يعوزوا واسطه
(فى الدفاع عن (انجازاتهُم
هلاوساتهُم واى إفتى

مابقتش فارقه

ب اختصار مابقيتش فارقه
خلصِت الأحلام خلاص
تِعمِل الأيام ماتِعمِل
حُزنى منو مافيش مَناص
م الُوعود مليت وعارف
كُلها مالهاش أساس
ياما وعِدت ياما قالِت
ياما هَزت ليا راس
انها شيفانى يعنى
وانها حاسبانى ناس
وانها ح تحس مره
أو حتسمحلى بنُعاس
دون ما افكر امتى تِعِدل
وامتى حتحُط الأساس
تبقى مره معايا فارقه
مره بس واقول خلاص
باديه يعنى تبِل ريقى
باديه تمنحنى الخلاص
تبتِسِم وتقولى احلم
ف ابتِسِم وأهِز راس
وانتظِر هانِت ح تطرح
أو يحين يوم الخلاص

الغم

(لوكان الغم ب يدي (رصيد
انا كُنت زمانى معدي قارون
سلِفت البنك الدولى كمان
ومليت الدُنيا هموم وشجون
وزكاتى تكون أطنان أطنان
ماتقلِلش مِنحه عن المليون
بيل جيتس يقولى ادينى الدعم
وسويرس يُطلب كام بليون
(ف أهز دماغى خلاص(يار عاع
واديهُم يا ابنى وزيدهُم بون
بزكيبه ماس مع كهف عقيق
وكنوز من تركة دا الفرعون
الواد الفقرى ابو كم تمثال
اسم الله عليك توت عنخ أمون
ح اتفكروا ازاي؟ دا يادوب شحات
جنب اللى معايا يعوزو العون
(لوكان الغم ب يدي (رصيد
انا كُنت زمانى معدي قارون
ومافيش ديانه على الأبواب
ولا ب اعرف ايه معناها ديون

أحسن

ماحدش عارف
ايه فى الناس
ف تتجمل وتُعذرهّم
يكون أحس
لأنك مره حتعاني
وتتمنى اللى ليك أحسن
ما صمممشى يقول مالك
وسابك يوم تكون أحسن
ف سيبنى فى حالى أحسنلى
وليك برضو يكون أحسن
ساعات الناس كتير تسكُت
فسيبهم وحدهُم أحسن
سُكاتهم يعنى مش قادره
تحدد هوا ايه أحسن
سُكاتهم ع اللى صايبهُم
أو الموته ودا أحسن
ولما البوح يكون مُمكن
ح اقولك وب كده أحسن
ماحدش عارف ايه فى الناس
ف تتجمل وتُعذرهُم يكون أحسن

قُليل لما ب اشتاقلي

قُليل لما ب اشتاقلي
أو اتمنى ان اقابلني
لأنى عارف الكارثه
ب اجاهد منى احرمنى
واحُط خطوط كتير حمرا
واحاول بيها الزمنى
مانتقابلش يوم ابداً
ولا حتى أكلمنى
واقولى يلا نتعايش
بلاش تانى تسممنى
ب نبش فى ذكريات ولِت
خلاص بعدت بعيد عنى
ما ب اتمناش أقابلها
ولا امكنها يوم منى
لذلك ب ابتعد عنى
وقُليل لما ب اشتاقلى
أو اتمنى أقابلنى
الغريبه انك مصدق!
مُش غريبه الدُنيا تِعنِد
يألمك كُل اللى بيها
الغريبه انك مصدق
يوم يكون لك حظ فيها
(تمنحك لو حتى غلطه
حاجه مره حلمت بيها
تبتسم وتقولك ادخُل
دَخلِتك مُشتاقه ليها
وافتح الصناديق وحمِل
أى حاجه بتشتهيها
حتى لو كانت ما كانت
بس عندك عشق ليها

37

ورد مُمكن شِعِر مُمكن

عشق وتنول اللى بيها

لسا هايم رغم حُزنك

والعيون ممدوه ليها

سابقه ضِلك سابقه همسك

يرتعش خطوك إليها

مهما طال الخطو ترجع

شوقك أقوى لنور عينيها

(والبريق اللى (استحالك

وجد دايم هِمت فيها

رغم عِلمك ان طبع الدُنيا تِعنِد

يألمك كُل اللى بيها

ف الغريبه انك مصدق

لأ ولسا بتشتهيها
مره يطرح لك فرحها
أو يكون لك حظ فيها
الثوره فرض عين
فرض عين مُش بس واجب
ثورتك ضد العساكر
مهما كانت يوم ميولك
كُنت مؤمن ولا كافر
كُنت أوهامهُم مصدق
ولا بتحاول تعافر
ضد كُل مناخ فسادهُم
واللى بيه الكُل جاهر
انها ف عز انهيارها
وان فيها الكُل خاسر
كُنت ديني أو لا ديني
أو مُحبين الدساتر
مهما كان السلك ضاربك
ولا مستر م المساتر
ولا صانع ولا زارع
ولا عاطل لسا صابر
منتظر يمكن حتفرج
بس حظك فيها عاثر
والحظوظ موقوفه حصراً
بس علشان العساكر
واللى ناسي نقوللو قرب
يلا واقرا كتير دفاتر
عن وسخهُم عن ضلالهُم
عن فساد ومالوهش اخر
عن وطن كان م العجايب
فجأه بِخ وراح مسافر

فى الدروب الضلمه دايماً
سلسلوه فيها العساكر
صمموا مايرجعش ابداً
إلا لما تهِب ثاير

يابلاد الكدابين

يابلاد الكدابين
عيان ب ..... فى ميت
والباقى مطبلين
على أي ربابه يُرقَّص
ويهز لأي مين
ويغير حتى دينو
ورا كهنه معتقين
أجيال م الطبلجيه
وأتباع متجهزين
ب البيعه لأي غاصب
ويروح دم الحُسين
جوز أُمك يبقى عمك
وطي وبوس الإيد ين
وارقُص بقى هز جامد
وابصُم ولأي مين
وانسى الآيه الكريمه
وانسى الحق المُبين
انك مأمور تجاهد
أو توصل لليقين
ممنوع تسجُد لغاصب
ممنوع انك تلين
فى الحق وفى الكرامه
أو تتبع أى دين
إلا اللى يصون كرامتك
يهدى ويديك يقين
انك فوق اللى حاكم
وكلابو القوادين
مهما الأيام تعاند
ازرع جواك يقين
لازم فجرك ح يطلع

لازم شمسك تبين
رغم شيوخ الضلاله
وبلاد الكدابين

مابقاش مُمكن

قال الشاعر ولا ماقالش
عنو ياعم الحاج ما قال
أصل الناس مابقتش تركز
مين اتكلم؟ ايه اتقال؟
كُلو ياسيدنا محصل بعضو
همس أنين أو صوت موال
يرجع تانى الطير لبلادو؟
ولا يكمل فى الترحال ؟
والحواديت مابقتش ب تغري
ولا بتلم بنات وعيال
كُلو خلاص قافل على نفسو
وناقش جوا ضلوعو سؤال
امتى الرحله ح تخلص فيا
وامتى ف يوم ح يروق الحال
حتى ولو بكلام من طينة
بُكرة تروق وحتصبح عال
ويطرح مره كلام الشاعر
يشبع منو بنات وعيال
مش على طول ينزل ع الفاضى
ويصبح حلمو كأنو ماقال
قال الشاعر ولا ماقالشي
مابقاش مُمكن شىئ يتقال
أو تحليل للوضع فى عيشه
صبحت فجأه شبه مُحال
مهما يحاول فيها العاقل
مهما يطول فيها البال

ما حبتهاش

علشان بصراحه ماحبتهاش
فما جاش على بالى
اعاتبها ف يوم
وطنت النفس لأي ظروف
مابقاش فيه لازمه لكُتر اللوم
ولا فارقه يابُكره تخبى الجاى
أو بان الهم وصار معلوم
أيام ما بقتش تجيب غير غم
ولا نافع حتى هروب فى النوم
مابقتش مداينو بتفتح باب
مابقاش بيحن على المحروم
لو حتى يادوب بشويه نُعاس
أو ينعس فيا أنين مكتوم
علشان بصراحه ما حبتهاش
وما دُقتش فيها انا غير الصوم
عن أيُها حاجه تبل الريق
عن أيُها حل اوصلو ف يوم
حتى الأحلام مابقتش تطوف
على بالى وتطرح غير اللوم
على إنى مصمم فيها اشوف
أفراح أو يسكُت مره البوم

ترامب وقلة أدبو

عند ترامب الجميع
متساويين فى العماله
يعنى شوية قطيع
هو شايفكُم حُثَاله
وأعلى ما فيكُم وضيع
فما تزعلش اما يشتم
أو يوم ودك يبيع
فجأه يعريك يذلك
وشقى التعريص يضيع
يكشف ويقول حقيقتك
واللى عارفها الجميع
إلا الجرابيع بتوعك
عُشاق كونهم قطيع
أعداء العزه طبعاً
كارهين ورد الربيع
واللى اشتاقتلو بلدى
واتمناه الجميع
نزلوا ورجوا المداين
زرعوا الحلم البديع
حلم يخيلك تجاهر
وتقوللو انتا الوضيع
لو يفتح بس بُقو
دا اللى شايفكُم قطيع
داعر ممحون وأهبل
لكن شافكُم قطيع
فما تزعلش اما يشتم
أو يُشخُر للجميع

وشي اللي نسيت ملامحو

وشي اللى نسيت ملامحو
ومابقيتش اشتاق إليه
شُفتو الصُبح انهارده
وبعت سلام إليه
شُفتو فى شبه المرايه
وسألتو الحل أيه
رد بشبه ابتسامه
راح تتعود عليه
حُزنك طول ارتحالك
والحلم بتشتهيه
شوقك لبلاد بعيده
والفاضل منها ايه
غير بس انك تصدق
زمنك راحت عليه
مش فاضل فيك وفيا
غير وهم سكنا فيه
إن الغايب حيرجع
ومسيرنا حنلتقيه
ونملي العين ب شوفو
أو ندخُل بين إيديه
حُضن يعيد اللى يابس
من زهر اشتاق إليه
فجأه بتنزل دموعى
وانا ب اتفرج عليه
شاور وشي وهمسلي
راح تعمل بيها ايه؟
أيوا اكسرها المرايه
من غير ازاى وليه؟
مابقاش يجمعنا حاجه
ولاشئ نشتاق إليه

ثوره لله

لله يا مأنتخين
مكسوف بصراحه أقولها
لله يامعرصين
قاعدين بس لفتاوي
وكلام من غير طحين
وبتشكوا لكُل غاصب
وتطاطوا لمُجرمين
يورث منكُم عيالكُم
نفس الطبع اللعين
وطى وساير ظروفك
واركع كده واستكين
مشيها وبوس إيديهُم
خليك ناصح كهين
ماتخططيش القنايا
وامشى ان شا الله لسنين
واللى ح يتجوز أمك
اقولو ياعمى وأمين
لله حبة كرامة
لله حبة يقين
يارمم فاحت ريحتها
ولساكو مأملين
حد حينزل بدالكُم
سلاماااات يا مأنتخين

صباح المهزومين

ياصباح المهزومين
انا وانتا وناس كتيره
واستثني الموعودين
طبعاً يعنى العساكر
واخوانا الممحونين
ب أُمُر حاضر يا افندم
وقُضاه على مُخبرين
وولاد نسل العواهر
وبتوع مِد الإيدين
واسرق كوش وحمِل
واللى ح يسألنا مين؟
صهين مشيها تمشى
شوف نفسك ع التخين
فى بلاد ما بتسألكشى
جبت المليار منين؟
لكن بتذل أهلك
لو تتكلم فى دين
أو تسأل عن عداله
وتقول الحق فين؟
أو تتحسبل فى نفسك
وتقُك بكلمتين
نَفسك عنك يبلغ
وجيوش م المُخبرين
دخلِت جواك بتنبش
وتفتش ع اليقين
أزاى لسا انتا عايش
وكمان عندك يقين
ان الأحلام ح تطرح
أو حتشوفلك يومين؟
غير حلمك وحول

لصباح المهزومين
حالمين زيك وزيي
فجأه بنغرز فى طين

دُنيا معانده

دُنيا معانده اللى فاهم
والطيب والفقير
والحالم بُكرا تُفرج
أو تسمح باليسير
فرحه تراضى الغلابه
تسنِد قلب الكسير
واللى مهاود فى حالو
وراضى بعيشة الحصير
أحلامو الحظ يضرب
ويجيب حق السرير
وقنوع ب اللى اتقسملو
ومصمم ع الضمير
راسم جواه مناره
شاعع ضاوى ومُنير
وتنام دُنيا الخلايق
يعمل هوا الغفير
حارس حلم الغلابه
جاهز يضرب نفير
لو قرب حد منها
أو فكر يوم يسير
فى ترابها التمر حنه
إلا ان كان مُستجير
واللى ف قلبو المداين
مفروشه لناس كتير
وماقالش ف مره
ح احلم ليا وباع الضمير

خايب

والله ياناس ما فاشل
قسماً بالله ما خايب
بس الشخص اللى فيا
مش حالم بالزكايب
ولا شايف الدُنيا منصِب
ولا عاشق للمراتب
لا العاليه ولا اللى أعلى
ولا نفسي ف يوم اناسب
من أصحاب السعاده
أو مين ع الكُرسي راكب
وماوطيتهاش لظالم
أو هُنت ف يوم لعايب
لكن لين لصاحبى
في اللى بيهواني دايب
واديه لو نن عيني
واغفر ليه المعايب
واعذُر لو يوم جفاني
واصفح ولا مره اعايب
واصبُر ع المُر وامضُغ
مهما تجيب المصايب
ومكمل فيها حالم
يمكن يطلعلى صاحب
ويشوفنى طبيعى جداً
مُش فاشل ولاخايب

تدجيل طازه

ياصباح التدجيل الطازه
ف البلد المسجون في قزازه
متعلق محشور فى الفتحه
ماطلعشي ومابقاش لُه عازه
من أول ماوعيت ع الدُنيا
ومسكت ف إيدي البزازه
من أول منكوبها ف يونيو
وحبيبو عشيق الهزازه
ومروراً ب سى أنور افندي
ب زبيبتو الحلوه المُمتازه
ودخولاً ع البقره الضاحكه
وأيامو الموكوسه الساده
ووصولاً للبلحه الماسخه
فى بلادى المنصوبه جنازه
قررت انى خلاص مُش ح احلم
ح ادارى قعرك ياقزازه
وح ابطل اصدق فى كلامهُم
ولا عُمرى ح اسيب البزازه
ونشيدى الدايم راح يفضل
ياصباح التدجيل الطازه
فى البلد المزنوق طول عُمرو
مع أول تسليم لبياده

لو تطرح خنازير

ب يولولوا ويقِيموا الدُنيا
وب بِنزل ع الفاضي كلامـهُم
تسمعهُم ف تقول ح يهبوا
تلقاهُم عابدين أصنامـهُم
تستغرب وتقول دا الجهلا
تتفاجئ بكلام أعلمهُم
بيقولك مشيها وعدي
تتسهل بقى نستحمِلهُم
ومسير الأيام حتزهزه
يا حنرحل يامُصيبة تشيلهُم
وتمُر الأيام وبنرحل
وبيفضل فى الكون أراذلهُم
ويهندسوا ناس غاويه تولول
وبينزل ع الفاضي كلامـهُم
تسمعهُم فتقول حيهبوا
تلقاه التسبيح لصنمهُم
تتحسبل وتنفض إيدك
تتنهِد وانتا بتلعنهُم
متمنى الأيام لو تطرح
وساخَتها وخنازيرها بدالهُم

كمان مصدي

فجأه صرت كمان مصدى
ب انتظر لو ضِل إيد
تفتكر تلمسنى مره
وارتعش وابدء مزيد
من نغم جوايا ساكت
بس مستنيك كعيد
يوم يهل أوان هلالك
يا اللى أقرب م الوريد
بس لما عليك ب ادور
فجأه تهرب للبعيد
تختفى وتبدء تعاند
يرتعش قلبي الوليد
فجأه بادي الحلم يخلص
فيا صار مليار شهيد
والكمان صامت مصدى
والحُروف كارهه النشيد
والنغم جوايا ساكت
بس مستنيك كعيد
يا اللى جوا القلب عرشك
ياللي أقرب م الوريد

المحتويات

وشي اللي نسيت ملامحو
ثوره لله
صباح المهزومين
دُنيا معانده
خايب
تدجيل طازه
لو تطرح خنازير
كمان مصدي

Don't miss out!

Visit the website below and you can sign up to receive emails whenever طارق التريري publishes a new book. There's no charge and no obligation.

https://books2read.com/r/B-A-KEUT-NTTYB

BOOKS2READ

Connecting independent readers to independent writers.

About the Author

منشوراتي

في بلاد الأي حد

قلبي اللي عشقك

إنفصامستان

وجع القصيده

كُل العساكر كدابين

الصُبح في بلادي

شباكي الفاتح

سُلطان العاشقين

قُليل لما باشتاقلي

دوايرك

دم الحُسين

على باب الله

صباح القُدس

عند باب الحلم

لماكانت مصر دوله